缔结条约管理办法

中国法制出版社

缔结条约管理办法

DIJIE TIAOYUE GUANLI BANFA

经销/新华书店

印刷/北京海纳百川印刷有限公司

开本/850 毫米×1168 毫米　32 开　　印张/0.5　字数/6 千

版次/2022 年 11 月第 1 版　　2022 年 11 月第 1 次印刷

中国法制出版社出版

书号 ISBN 978-7-5216-3172-2　　定价：5.00 元

北京市西城区西便门西里甲 16 号西便门办公区

邮政编码：100053　　传真：010-63141600

网址：http：//www.zgfzs.com　　**编辑部电话：010-63141673**

市场营销部电话：010-63141612　　**印务部电话：010-63141606**

（如有印装质量问题，请与本社印务部联系。）

目　　录

中华人民共和国国务院令

第 756 号

《缔结条约管理办法》已经国务院常务会议通过，现予公布，自 2023 年 1 月 1 日起施行。

总理　李克强

2022 年 10 月 16 日

缔结条约管理办法

第一条 为了规范缔结条约工作程序，加强对缔结条约事务的管理，根据《中华人民共和国缔结条约程序法》（以下简称缔约程序法）和有关法律规定，制定本办法。

第二条 国务院或者国务院有关部门缔结条约、协定和其他具有条约、协定性质的文件（以下统称条约），办理相关事务，适用本办法。

第三条 外交部在国务院领导下管理缔结条约的具体事务，指导、督促国务院有关部门依照法定程序办理缔结条约工作。

国务院有关部门在各自职权范围内负责办理缔结条约的相关工作。

第四条 除中华人民共和国宪法、法律和国务院另有授权外，地方各级政府无权缔结条约。

第五条 下列条约，除法律另有规定外，应当以中华人民共和国名义缔结：

（一）友好合作条约、和平条约等政治性条约；

（二）有关领土和划定边界的条约，包括划定陆地边界和海域边界的条约；

（三）有关司法合作的条约，包括司法协助、引渡、被判刑人移管、承认与执行外国法院判决或者仲裁裁决的条约；

（四）其他涉及重大国家利益的条约。

特殊情况下，经国务院审核决定，前款所列条约可以中华人民共和国政府名义缔结。

第六条 下列条约，应当以中华人民共和国政府名义缔结：

（一）涉及国务院职权范围的条约；

（二）涉及两个以上国务院有关部门职权范围的条约；

（三）其他需要以中华人民共和国政府名义缔结的条约。

特殊情况下，经国务院审核决定，前款所列条约可以中华人民共和国政府部门名义缔结。

第七条 国务院各部、委员会、中国人民银行、审计署、具有行政管理职能的直属机构、根据法律规定或者国务院授权承担行政管理职能的国务院其他机构，可以就本部门职权范围内的事项，以中华人民共和国政府部门名义缔结条约。

第八条 条约内容涉及政治、外交、经济、社会、安全等领域重大国家利益的，应当将条约草案及条约草案涉及的重大问题按照有关规定报告党中央。

第九条 以中华人民共和国名义或者中华人民共和国政府名义谈判条约的，由外交部或者国务院有关部门会同外交部在启动谈判前不少于20个工作日报请国务院决定。

第十条 以中华人民共和国政府部门名义谈判条约，

有下列情形之一的，由国务院有关部门会同外交部在启动谈判前不少于20个工作日报请国务院决定：

（一）条约内容涉及外交、经济、安全等领域的重大国家利益；

（二）条约内容涉及国务院其他部门职权范围；

（三）其他应当报请国务院决定的情形。

第十一条 条约谈判中，对经国务院决定的条约中方草案所作改动有下列情形之一的，应当重新报请国务院决定：

（一）对中华人民共和国依据该条约享有的权利或者承担的义务有重大影响；

（二）对中华人民共和国在有关重大问题上的立场有影响；

（三）与中华人民共和国法律、行政法规或者中华人民共和国依据其他条约承担的国际义务不一致；

（四）其他应当报请国务院决定的情形。

第十二条 以中华人民共和国名义或者中华人民共和国政府名义签署条约，或者有本办法第十条规定情形之一的，应当由外交部或者国务院有关部门会同外交部在签署前不少于10个工作日报请国务院决定。

确因特殊情况未按前款规定时限报批的，应当向国务院说明理由。

第十三条 条约签署前，国务院有关部门法制机构应当从法律角度对条约进行审查。

以中华人民共和国名义或者中华人民共和国政府名义签署，且根据缔约程序法或者有关规定应当报请国务院审核并建议提请全国人民代表大会常务委员会决定批准或者加入，或者报请国务院核准、决定加入或者接受的条约，内容与中华人民共和国法律、行政法规或者与中华人民共和国依据其他条约承担的国际义务不一致的，国务院有关部门应当在条约签署前不少于30个工作日征求司法部的意见。

第十四条 下列情形，国务院有关部门应当在签署条约的请示中予以说明：

（一）拟签署的条约内容与中华人民共和国法律、行政法规或者与中华人民共和国依据其他条约承担的国际义务是否一致；有不一致的，应当提出解决方案；根据本办法第十三条规定应当征求司法部意见的，还应当附司法部的意见；

（二）拟签署的条约是否需要征询香港特别行政区政府、澳门特别行政区政府的意见以及征询意见的情况；

（三）拟签署的条约属于多边条约的，是否需要作出声明或者保留以及声明或者保留的内容。

第十五条 条约的谈判代表或者签署代表需要出具全权证书的，国务院有关部门应当至少提前10个工作日书面通知外交部办理相关手续，并向外交部提供国务院同意委派该谈判代表或者签署代表的批件。

条约的谈判代表或者签署代表需要出具授权证书的，

由谈判代表或者签署代表所属的国务院有关部门办理。授权证书的格式由外交部规定。

第十六条 下列条约，应当由外交部或者国务院有关部门会同外交部自签署之日起 180 日内报请国务院审核，并建议提请全国人民代表大会常务委员会决定批准：

（一）友好合作条约、和平条约等政治性条约；

（二）有关领土和划定边界的条约，包括划定陆地边界和海域边界的条约；

（三）有关司法合作的条约，包括司法协助、引渡、被判刑人移管、承认与执行外国法院判决或者仲裁裁决的条约；

（四）与中华人民共和国法律有不同规定或者履行条约需要新制定法律的条约；

（五）涉及中央预算调整的条约；

（六）内容涉及立法法第八条规定的只能制定法律的条约；

（七）有关参加政治、经济、安全等领域重要国际组织的条约；

（八）对外交、经济、安全等领域国家利益有重大影响的条约；

（九）条约规定或者缔约各方议定须经批准的条约；

（十）外交部或者国务院有关部门商外交部建议须经批准的条约。

因特殊情况需要延长前款规定时限的，应当在期限届满前向国务院说明理由。

第十七条 下列条约，应当由外交部或者国务院有关部门会同外交部自签署之日起180日内报请国务院核准：

（一）有关边界管理和边防事务的条约；

（二）有关管制物资贸易或者技术合作的条约；

（三）有关军工贸易和军控的条约；

（四）与中华人民共和国行政法规有不同规定或者履行条约需要新制定行政法规的条约；

（五）影响中央预算执行但不涉及预算调整的条约；

（六）涉及中华人民共和国行政法规规定的税收制度的条约；

（七）涉及扩大重要和关键行业外资准入的条约；

（八）对外交、经济、安全等领域国家利益有较大影响的条约；

（九）条约规定或者缔约各方议定须经核准的条约；

（十）外交部或者国务院有关部门商外交部建议须经核准的条约。

因特殊情况需要延长前款规定时限的，应当在期限届满前向国务院说明理由。

第十八条 加入本办法第十六条所列范围的多边条约，应当由外交部或者国务院有关部门会同外交部报请国务院审核，并建议提请全国人民代表大会常务委员会决定。

第十九条 接受多边条约或者加入本办法第十七条所列范围的多边条约，应当由外交部或者国务院有关部门会同外交部报请国务院决定。

第二十条 报请国务院审核并建议提请全国人民代表大会常务委员会决定批准或者加入条约的，应当由外交部或者国务院有关部门会同外交部向国务院报送请示，并附送国务院提请全国人民代表大会常务委员会决定批准或者加入该条约的议案说明、条约作准中文本及其电子文本或者中译本及其电子文本，以及国务院审核同意的条约谈判和签署请示。

属于多边条约的，还应当附送多边条约缔约方的批准、核准、加入和接受情况或者缔约方清单。

第二十一条 报请国务院核准、决定加入或者接受条约的，应当由外交部或者国务院有关部门会同外交部向国务院报送审核并建议核准、决定加入或者接受该条约的请示，并附送条约作准中文本及其电子文本或者中译本及其电子文本，以及国务院审核同意的条约谈判和签署请示。

属于多边条约的，还应当附送多边条约缔约方的批准、核准、加入和接受情况或者缔约方清单。

第二十二条 条约报送部门在将条约报请国务院审核前，应当对条约作准中文本或者中译本进行认真审核，确保内容及其文字表述准确、中外文本一致，格式符合规范要求。

条约报送部门在将条约报请国务院审核前发现条约作准中文本有重大错误的，应当与相关国家、国际组织或者国际会议沟通，并在报送国务院的请示中就沟通情况和修改结果作出说明。

第二十三条 根据缔约程序法和有关规定，需要报国务院备案或者送外交部登记的条约，国务院有关部门应当自条约签署之日起90日内办理。

第二十四条 根据本办法第十六条、第十七条、第十八条、第十九条规定报请国务院审核并建议提请全国人民代表大会常务委员会决定批准或者加入，或者报请国务院核准、决定加入或者接受的条约由司法部审查，提出法律意见。

第二十五条 缔结多边条约，除本办法第二十七条规定的情形外，国务院有关部门应当在报请国务院审核并建议提请全国人民代表大会常务委员会决定批准或者加入前，或者报请国务院核准、决定加入或者接受前，通过外交部分别征询香港特别行政区政府、澳门特别行政区政府意见。多边条约规定缔约方不限于主权国家，且根据《中华人民共和国香港特别行政区基本法》和《中华人民共和国澳门特别行政区基本法》，香港特别行政区、澳门特别行政区有权单独签订的，可以不征询香港特别行政区政府、澳门特别行政区政府意见。

缔结双边条约，需要征询香港特别行政区政府、澳门特别行政区政府意见的，由国务院有关部门会同外交部和国务院港澳事务机构参照前款规定办理。

第二十六条 根据本办法第二十五条规定，外交部征询香港特别行政区政府、澳门特别行政区政府意见的事项包括：

（一）条约是否适用于香港特别行政区、澳门特别行政区；

（二）拟对条约作出的有关声明或者保留是否适用于香港特别行政区、澳门特别行政区；

（三）香港特别行政区、澳门特别行政区是否需要作出其他声明或者保留；

（四）条约已经适用于香港特别行政区、澳门特别行政区，且为香港特别行政区、澳门特别行政区作出声明或者保留的，原声明或者保留是否继续有效。

第二十七条 涉及外交、国防事务的条约，或者根据条约性质、规定应当适用于中华人民共和国全部领土的条约，国务院有关部门应当在报请国务院审核并建议提请全国人民代表大会常务委员会决定批准或者加入前，或者报请国务院核准、决定加入或者接受前，通过外交部通知香港特别行政区政府、澳门特别行政区政府条约将适用于香港特别行政区、澳门特别行政区。

拟对条约作出的声明或者保留，涉及外交、国防事务的，依照前款规定办理。

第二十八条 国务院有关部门应当自收到全国人民代表大会常务委员会批准或者加入条约的决定之日起或者自收到国务院核准、决定加入或者接受条约的批复之日起20个工作日内，书面通知外交部办理制作、交存或者交换批准书、核准书、加入书或者接受书的具体手续。国务院有关部门对于交存或者交换时机有特别安排的，应当作出说明。

需要向多边条约保存机关通知不接受多边条约的，国务院有关部门应当于条约规定的期限届满至少 10 个工作日前书面通知外交部办理具体手续。

外交部在交存或者交换批准书、核准书、加入书或者接受书时应当提交政府声明。政府声明应当包括条约是否适用于香港特别行政区、澳门特别行政区的内容。

第二十九条 缔结双边条约，需要与缔约另一方相互通知已完成条约生效需要履行的国内法律程序的，国务院有关部门应当自完成批准、核准或者备案手续之日起 20 个工作日内或者在报送外交部登记时，书面通知外交部办理。

第三十条 适用于香港特别行政区、澳门特别行政区的条约，国务院有关部门应当自条约对中华人民共和国生效的手续办理完毕之日起 20 个工作日内，将条约适用于香港特别行政区、澳门特别行政区的情况，通过外交部通知香港特别行政区政府、澳门特别行政区政府。

第三十一条 条约扩展适用于香港特别行政区、澳门特别行政区的，国务院有关部门应当参照本办法第二十五条、第二十六条的规定通过外交部分别征询香港特别行政区政府、澳门特别行政区政府意见，并会同外交部提出建议，报请国务院决定。

外交部应当根据国务院批复，向多边条约保存机关提交多边条约扩展适用于香港特别行政区、澳门特别行政区的政府声明，或者与双边条约缔约方达成条约适用于香港特别行政区、澳门特别行政区的具体安排。

第三十二条 根据缔约程序法第十四条的规定保存条约签字正本的，国务院有关部门应当自条约签署之日起90日内将条约签字正本送外交部保存，并附送条约作准中文本或者中译本、作准外文本和相关电子文本。

多边条约拟由中华人民共和国作为正本保存国的，国务院有关部门应当事先商外交部同意，并由外交部履行保存机关职责。

第三十三条 国务院核准、决定加入或者接受的条约或者向国务院备案的条约，应当及时由国务院公报予以公布。

以中华人民共和国政府部门名义缔结的条约，国务院有关部门应当及时予以公布。

第三十四条 外交部应当编辑出版《中华人民共和国条约集》，并建设和维护数字化的条约数据库。

第三十五条 撤回或者修改对条约作出的声明或者保留，依照作出声明或者保留的程序办理，但本办法第三十一条规定的情形除外。

全国人民代表大会常务委员会或者国务院决定撤回或者修改对条约作出的声明或者保留的，国务院有关部门应当自撤回或者修改决定作出之日起20个工作日内，书面通知外交部办理通知多边条约保存机关的手续。

第三十六条 本办法自2023年1月1日起施行。